Impressum
Verlag: BABADADA GmbH, Nedderfeld 112 , 22529 Hamburg
Geschäftsführer / Verlagsleitung: Harald Hof
Druck: Books on Demand GmbH, In de Tarpen 42, 22848 Norderstedt

Imprint
Publisher: BABADADA GmbH, Nedderfeld 112 , 22529 Hamburg, Germany
Managing Director / Publishing direction: Harald Hof
Print: Books on Demand GmbH, In de Tarpen 42, 22848 Norderstedt, Germany

学校
die Schule

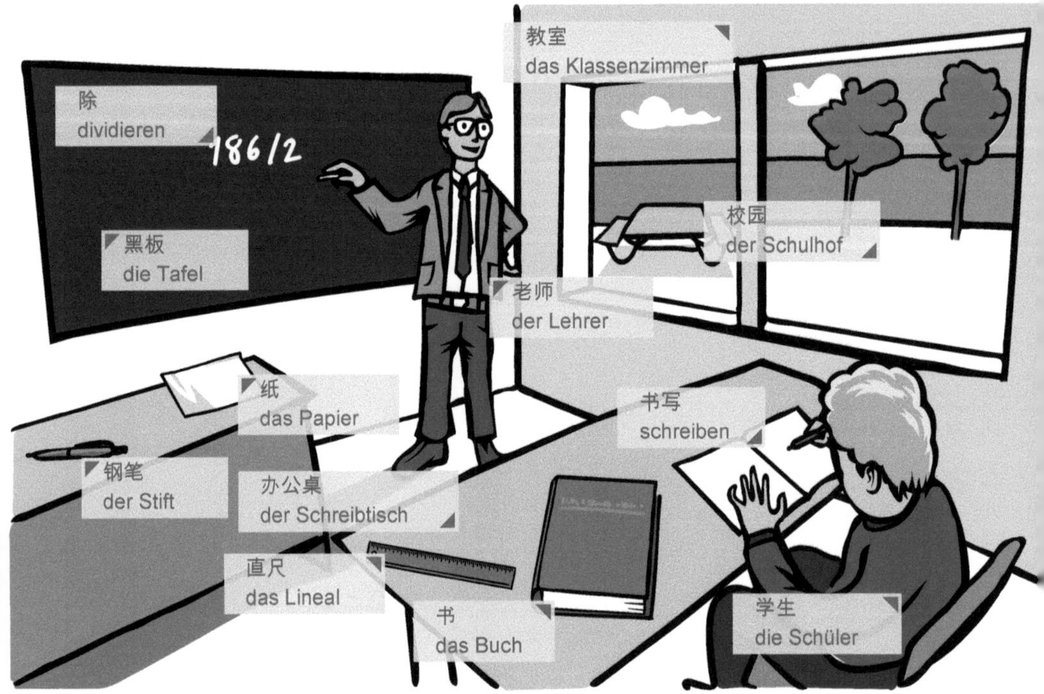

教室
das Klassenzimmer
除
dividieren
186/2
黑板
die Tafel
校园
der Schulhof
老师
der Lehrer
纸
das Papier
书写
schreiben
钢笔
der Stift
办公桌
der Schreibtisch
直尺
das Lineal
书
das Buch
学生
die Schüler

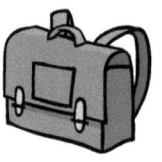

书包

der Ranzen

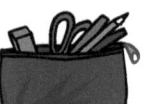

铅笔盒

die Federmappe

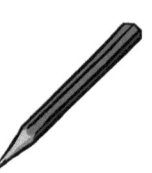

铅笔

der Bleistift

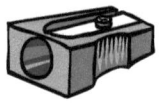

卷笔刀

der Bleistiftanspitzer

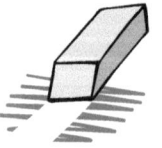

橡皮擦

das Radiergummi

画板

der Zeichenblock

图画
die Zeichnung

画笔
der Pinsel

颜料盒
der Malkasten

剪刀
die Schere

胶水
der Klebstoff

练习册
das Übungsheft

家庭作业
die Hausaufgabe

12

数字
die Zahl

2+2

加
addieren

5-2

减
subtrahieren

2✱2

乘
multiplizieren

计算
rechnen

A

字母
der Buchstabe

**ABCDEFG
HIJKLMN
OPQRSTU
VWXYZ**

字母表
das Alphabet

hello

字
das Wort

课文

der Text

读

lesen

粉笔

die Kreide

上课

die Stunde

登记

das Klassenbuch

考试

die Prüfung

证书

das Zeugnis

校服

die Schuluniform

教育

die Ausbildung

百科全书

das Lexikon

大学

die Universität

显微镜

das Mikroskop

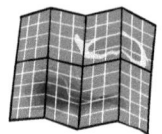

地图

die Karte

废纸筐

der Papierkorb

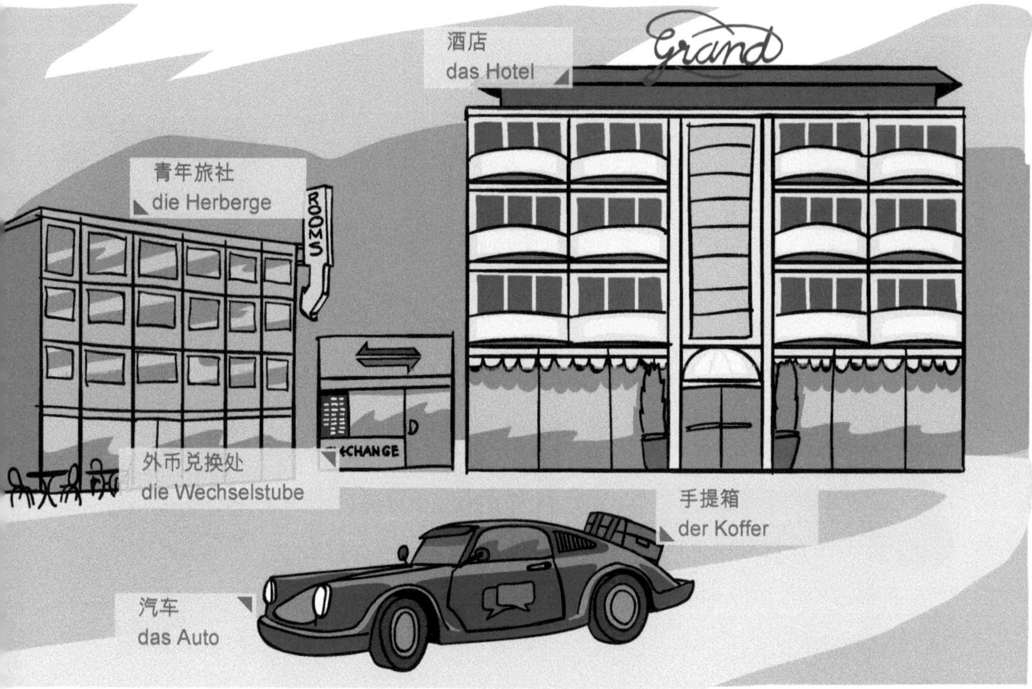

Grand
ROOMS
酒店
das Hotel
青年旅社
die Herberge
外币兑换处
die Wechselstube
手提箱
der Koffer
汽车
das Auto

语言

die Sprache

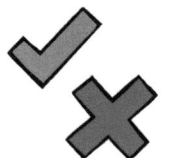

是/否

ja / nein

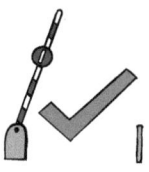

好的

Okay

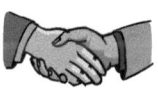

您好

Hallo

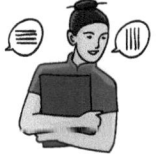

翻译员

der Übersetzer

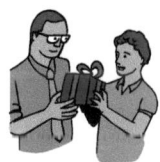

谢谢

Danke

……多少钱？

Was kostet…?

我不明白

Ich verstehe nicht

问题

das Problem

晚上好！

Guten Abend!

早上好！

Guten Morgen!

晚安！

Gute Nacht!

再见

Auf Wiedersehen

方向

die Richtung

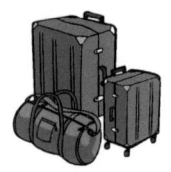

行李

das Gepäck

包

die Tasche

双肩包

der Rucksack

客人

der Gast

房间

das Zimmer

睡袋

der Schlafsack

帐篷

das Zelt

旅游信息

die Touristeninformation

海滩

der Strand

信用卡

die Kreditkarte

早餐

das Frühstück

午餐

das Mittagessen

晚餐

das Abendessen

票

die Fahrkarte

电梯

der Fahrstuhl

邮票

die Briefmarke

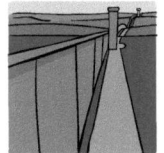

边界

die Grenze

海关

der Zoll

大使馆

die Botschaft

签证

das Visum

护照

der Pass

交通运输

der Transport

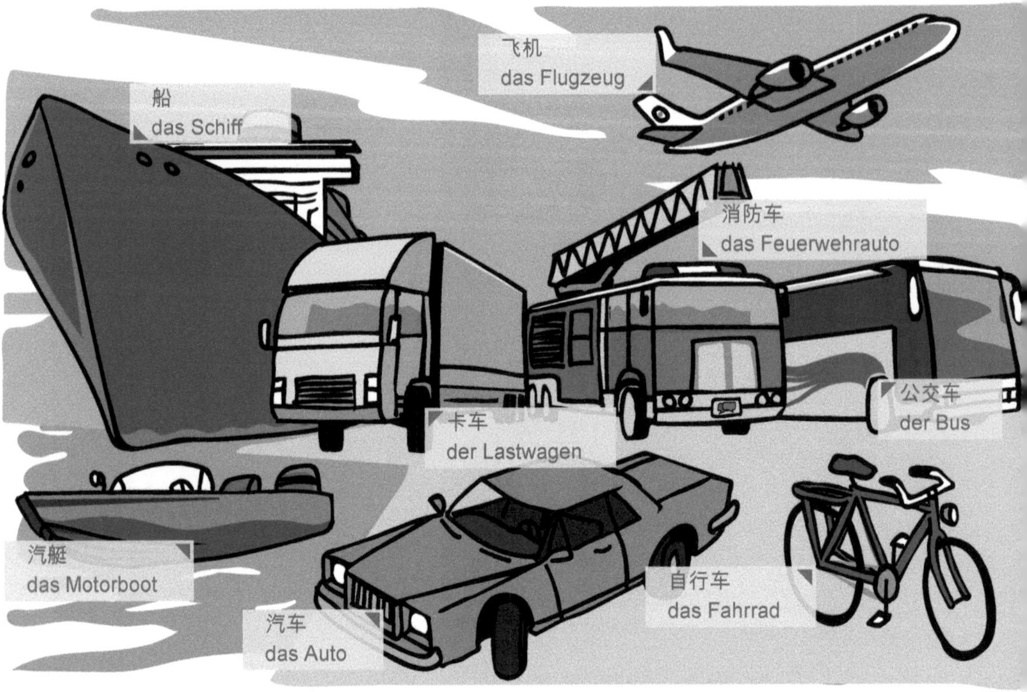

飞机
das Flugzeug
船
das Schiff
消防车
das Feuerwehrauto
公交车
der Bus
卡车
der Lastwagen
汽艇
das Motorboot
自行车
das Fahrrad
汽车
das Auto

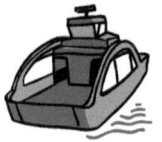

摆渡船

die Fähre

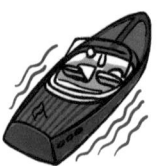

小船

das Boot

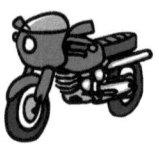

摩托车

das Motorrad

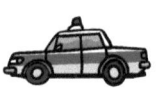

警车

das Polizeiauto

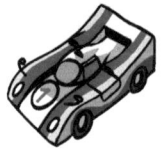

赛车

das Rennauto

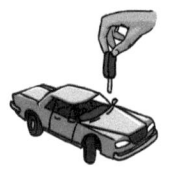

租车

der Mietwagen

拼车

das Carsharing

拖车

der Abschleppwagen

垃圾车

das Müllauto

发动机

der Motor

汽油

der Kraftstoff

加油站

die Tankstelle

交通标志

das Verkehrsschild

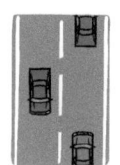

交通

der Verkehr

交通堵塞

der Stau

停车场

der Parkplatz

火车站

der Bahnhof

轨道

die Schienen

火车

der Zug

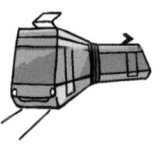

电车

die Straßenbahn

货车

der Wagon

直升机

der Helikopter

机场

der Flughafen

塔

der Tower

乘客

der Passagier

集装箱

der Container

纸板箱

der Karton

手推车

der Karren

篮子

der Korb

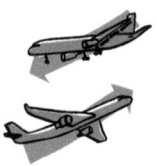

起飞/降落

starten / landen

城市

die Stadt

村庄

das Dorf

市中心

das Stadtzentrum

房子

das Haus

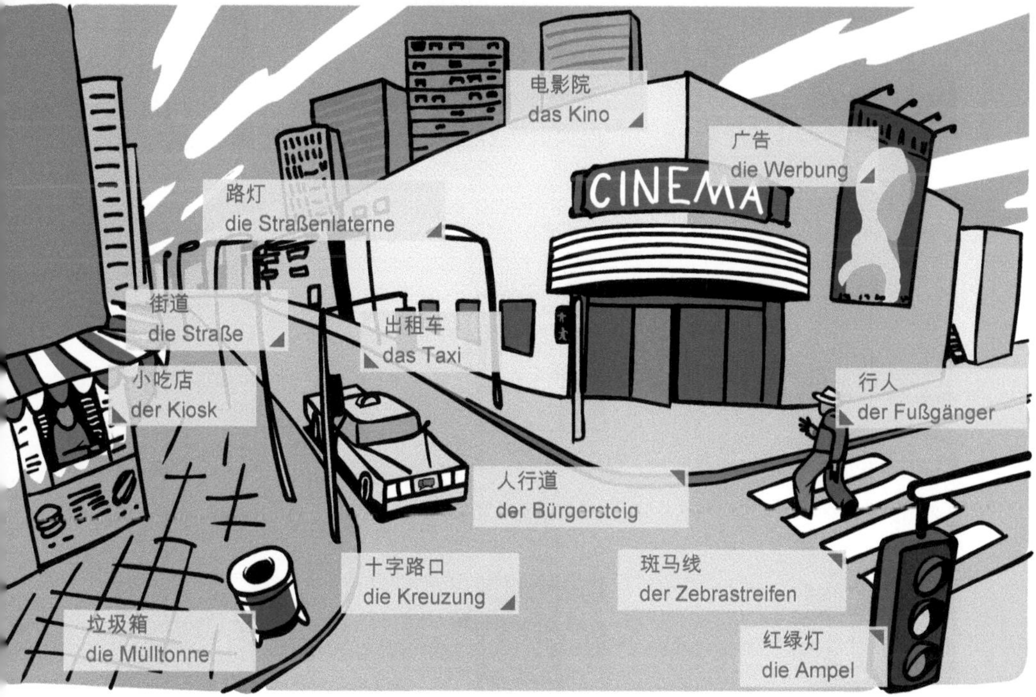
CINEMA
电影院
das Kino
广告
die Werbung
路灯
die Straßenlaterne
街道
die Straße
出租车
das Taxi
小吃店
der Kiosk
行人
der Fußgänger
人行道
der Bürgersteig
十字路口
die Kreuzung
斑马线
der Zebrastreifen
垃圾箱
die Mülltonne
红绿灯
die Ampel

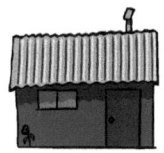

小屋

die Hütte

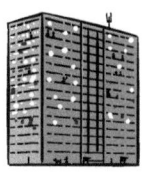

公寓

die Wohnung

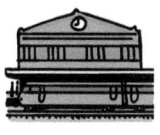

火车站

der Bahnhof

市政厅

das Rathaus

MUSEUM

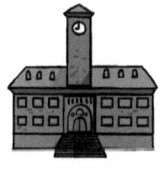

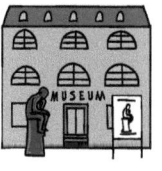

博物馆

das Museum

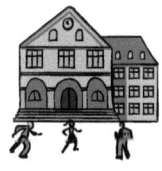

学校

die Schule

大学

die Universität

银行

die Bank

医院

das Krankenhaus

酒店

das Hotel

药房

die Apotheke

办公室

das Büro

书店

die Buchhandlung

商店

das Geschäft

花店

der Blumenladen

超市

der Supermarkt

市场

der Markt

百货商店

das Kaufhaus

鱼店

der Fischhändler

购物中心

das Einkaufszentrum

海港

der Hafen

公园

der Park

长凳

die Bank

桥

die Brücke

楼梯

die Treppe

地铁

die U-Bahn

隧道

der Tunnel

公交车站

die Bushaltestelle

酒吧

die Bar

餐馆

das Restaurant

邮筒

der Briefkasten

路标

das Straßenschild

停车计时器

die Parkuhr

动物园

der Zoo

游泳馆

die Badeanstalt

清真寺

die Moschee

城市 - die Stadt

13

农场
der Bauernhof

污染
die Umweltverschmutzung

墓地
der Friedhof

教堂
die Kirche

操场
der Spielplatz

寺庙
der Tempel

地形
die Landschaft

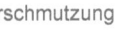

树叶
das Blatt

指示牌
der Wegweiser

路
der Weg

草地
die Wiese

石头
der Stein

树
der Baum

徒步旅行者
der Wanderer

河
der Fluss

草
das Gras

花
die Blume

峡谷

das Tal

山

der Berg

湖

der See

森林

der Wald

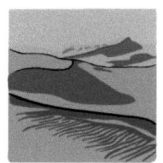

沙漠

die Wüste

火山

der Vulkan

城堡

das Schloss

彩虹

der Regenbogen

蘑菇

der Pilz

棕榈树

die Palme

蚊子

der Moskito

苍蝇

die Fliege

蚂蚁

die Ameise

蜜蜂

die Biene

蜘蛛

die Spinne

地形 - die Landschaft

甲虫

der Käfer

青蛙

der Frosch

松鼠

das Eichhörnchen

刺猬

der Igel

野兔

der Hase

猫头鹰

die Eule

鸟

die Vogel

天鹅

der Schwan

野猪

das Wildschwein

鹿

der Hirsch

麋鹿

der Elch

水坝

der Staudamm

风力发电机

das Windrad

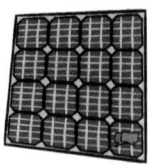

太阳能电池板

das Solarmodul

气候

das Klima

服务员
der Kellner

菜单
die Speisekarte

椅子
der Stuhl

汤
die Suppe

披萨饼
die Pizza

桌布
die Tischdecke

餐具
das Besteck

前菜

die Vorspeise

主菜

das Hauptgericht

甜点

die Nachspeise

饮料

die Getränke

食物

das Essen

瓶子

die Flasche

快餐

das Fastfood

街边小吃

das Streetfood

茶壶

die Teekanne

糖盒

die Zuckerdose

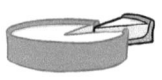

一份饭菜

die Portion

意式咖啡机

die Espressomaschine

高脚椅

der Hochstuhl

账单

die Rechnung

托盘

das Tablett

刀

das Messer

餐叉

die Gabel

勺子

der Löffel

茶匙

der Teelöffel

餐巾

die Serviette

玻璃杯

das Glas

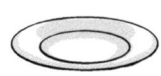

碟子

der Teller

汤盘

der Suppenteller

碟子

die Untertasse

酱

dic Saucc

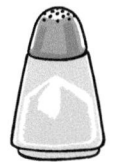

盐瓶

der Salzstreuer

胡椒磨

die Pfeffermühle

醋

der Essig

食用油

das Öl

调味料

die Gewürze

番茄酱

das Ketchup

芥末

der Senf

蛋黄酱

die Mayonnaise

超市
der Supermarkt

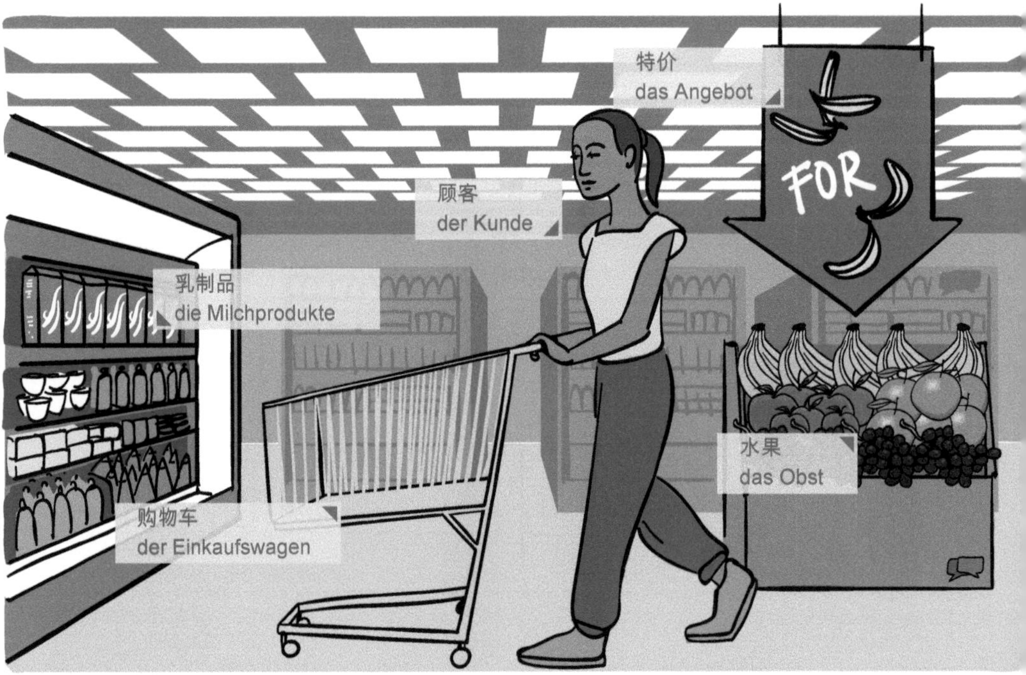

特价
das Angebot

顾客
der Kunde

乳制品
die Milchprodukte

水果
das Obst

购物车
der Einkaufswagen

肉铺
die Schlachterei

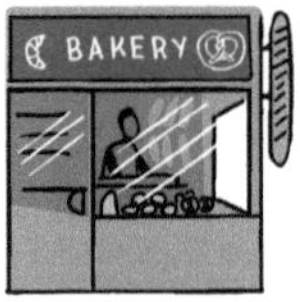

面包房
die Bäckerei

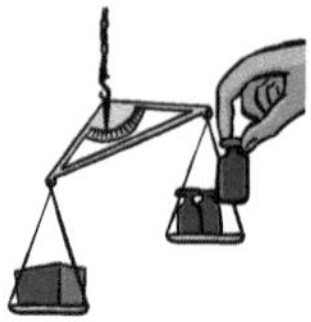

称重
wiegen

蔬菜
das Gemüse

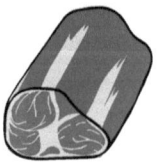

肉
das Fleisch

冷冻食品
die Tiefkühlkost

冷盘

der Aufschnitt

罐头食品

die Konserven

洗衣粉

das Waschmittel

甜食

die Süßigkeiten

日用品

die Haushaltsartikel

清洁用品

das Reinigungsmittel

销售员

die Verkäuferin

收银机

die Kasse

收银员

der Kassierer

购物清单

die Einkaufsliste

开放时间

die Öffnungszeiten

钱包

die Brieftasche

信用卡

die Kreditkarte

袋子

die Tasche

塑料袋

die Plastiktüte

die Getränke

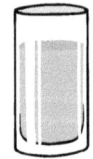

水

das Wasser

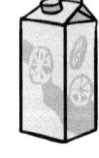

果汁

der Saft

牛奶

die Milch

可乐

die Cola

红酒

der Wein

啤酒

das Bier

酒

der Alkohol

可可

der Kakao

茶

der Tee

咖啡

der Kaffee

意式浓缩咖啡

der Espresso

卡布奇诺

der Cappuccino

香蕉

die Banane

苹果

der Apfel

橙子

die Orange

西瓜

die Melone

柠檬

die Zitrone

胡萝卜

die Karotte

大蒜

der Knoblauch

竹子

der Bambus

洋葱

die Zwiebel

蘑菇

der Pilz

坚果

die Nüsse

面条

die Nudeln

意大利面条

die Spaghetti

米饭

der Reis

沙拉

der Salat

薯条

die Pommes frites

炸土豆

die Bratkartoffeln

披萨饼

die Pizza

汉堡包

der Hamburger

三明治

das Sandwich

炸猪排

das Schnitzel

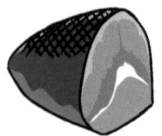

火腿

der Schinken

萨拉米

die Salami

香肠

die Wurst

鸡肉

das Huhn

烤肉

der Braten

鱼

der Fisch

燕麦片

die Haferflocken

穆兹利

das Müsli

玉米片

die Cornflakes

面粉

das Mehl

羊角面包

das Croissant

面包卷

das Brötchen

面包

das Brot

烤面包

der Toast

饼干

die Kekse

黄油

die Butter

凝乳

der Quark

蛋糕

der Kuchen

蛋

das Ei

煎蛋

das Spiegelei

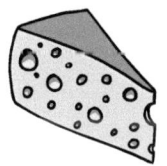

奶酪

der Käse

冰激凌

die Eiscreme

糖

der Zucker

蜂蜜

der Honig

果酱

die Marmelade

巧克力酱

die Nougat-Creme

咖喱饭

das Curry

农场
der Bauernhof

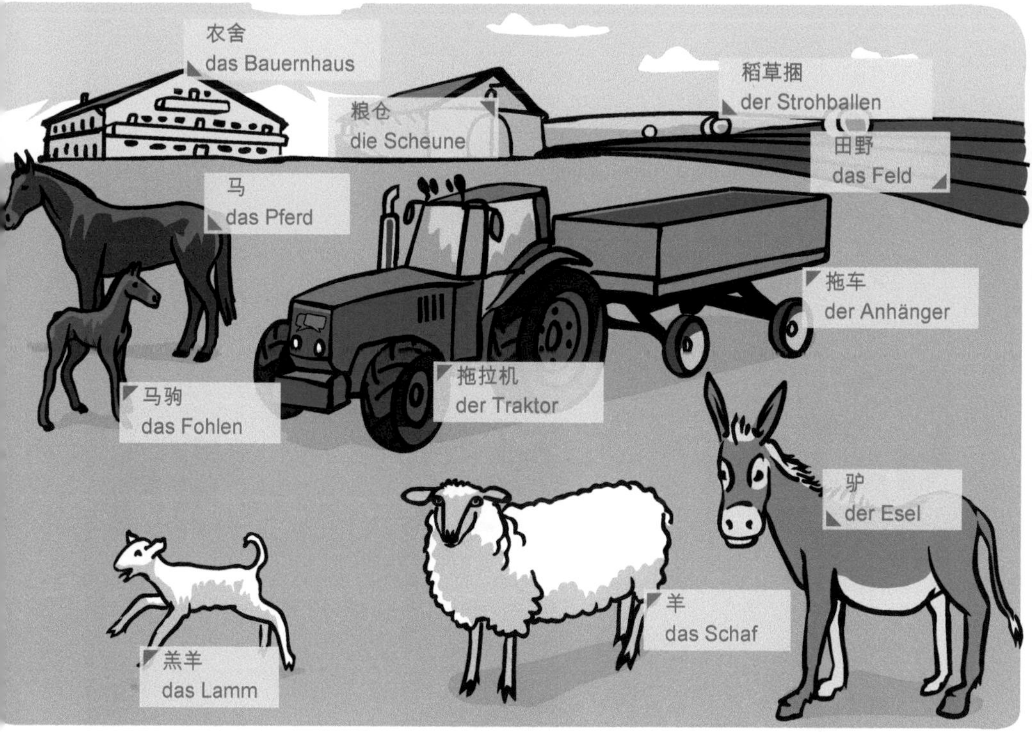

农舍
das Bauernhaus
粮仓
die Scheune
稻草捆
der Strohballen
田野
das Feld
马
das Pferd
拖车
der Anhänger
拖拉机
der Traktor
马驹
das Fohlen
驴
der Esel
羊
das Schaf
羔羊
das Lamm

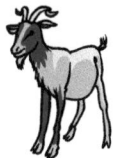

山羊
die Ziege

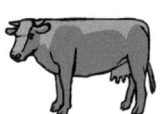

奶牛
die Kuh

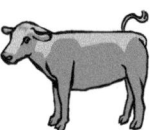

牛犊
das Kalb

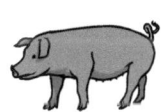

猪
das Schwein

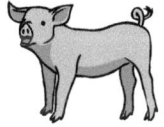

小猪
das Ferkel

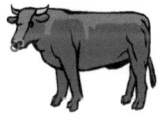

公牛
der Bulle

鹅

die Gans

鸭

die Ente

小鸡

das Küken

母鸡

das Huhn

公鸡

der Hahn

鼠

die Ratte

猫

die Katze

老鼠

die Maus

牛

der Ochse

狗

der Hund

狗屋

die Hundehütte

花园浇水软管

der Gartenschlauch

洒水壶

die Gießkanne

长柄大镰刀

die Sense

犁

der Pflug

镰刀

die Sichel

锄头

die Hacke

长柄草耙

die Mistgabel

斧头

die Axt

独轮手推车

die Schubkarre

饲料槽

der Trog

牛奶罐

die Milchkanne

麻布袋

der Sack

栅栏

der Zaun

马厩

der Stall

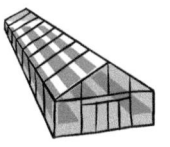

温室

das Treibhaus

土壤

der Boden

种子

die Saat

肥料

der Dünger

联合收割机

der Mähdrescher

农场 - der Bauernhof

收割

ernten

收割

die Ernte

山药

die Yamswurzel

小麦

der Weizen

大豆

das Soja

土豆

die Kartoffel

玉米

der Mais

油菜籽

der Raps

果树

der Obstbaum

树薯

der Maniok

谷物

das Getreide

房子
das Haus

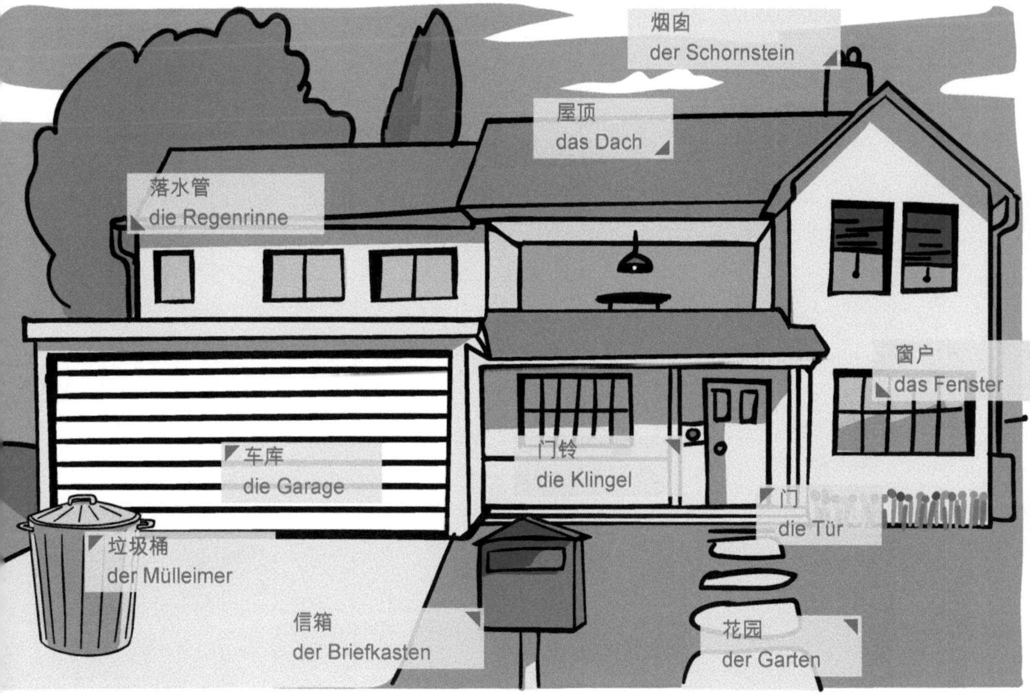
烟囱
der Schornstein
屋顶
das Dach
落水管
die Regenrinne
窗户
das Fenster
车库
die Garage
门铃
die Klingel
门
die Tür
垃圾桶
der Mülleimer
信箱
der Briefkasten
花园
der Garten

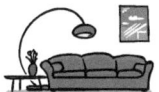

客厅

das Wohnzimmer

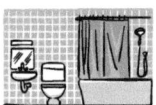

浴室

das Badezimmer

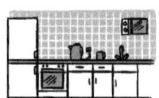

厨房

die Küche

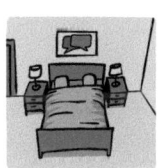

卧室

das Schlafzimmer

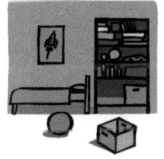

儿童房

das Kinderzimmer

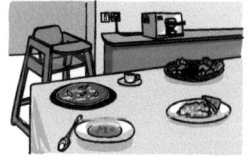

餐厅

das Esszimmer

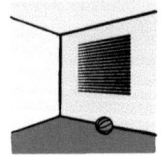

地板

der Boden

墙壁

die Wand

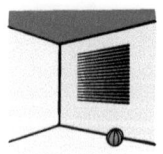

吊顶

die Decke

地窖

der Keller

桑拿

die Sauna

阳台

der Balkon

露台

die Terrasse

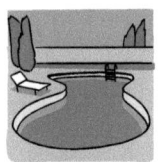

游泳池

das Schwimmbad

割草机

der Rasenmäher

被单

der Bettbezug

床罩

die Bettdecke

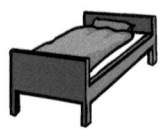

床

das Bett

扫帚

der Besen

水桶

der Eimer

开关

der Schalter

客厅

das Wohnzimmer

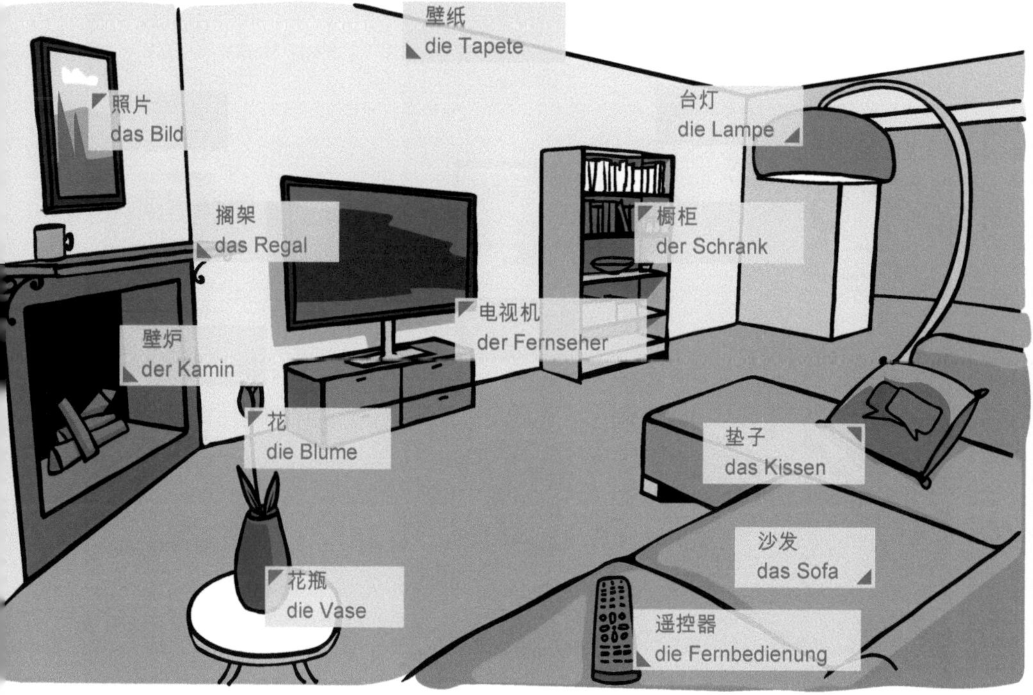
壁纸
die Tapete
照片
das Bild
台灯
die Lampe
搁架
das Regal
橱柜
der Schrank
电视机
der Fernseher
壁炉
der Kamin
花
die Blume
垫子
das Kissen
沙发
das Sofa
花瓶
die Vase
遥控器
die Fernbedienung

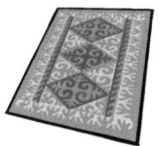

地毯

der Teppich

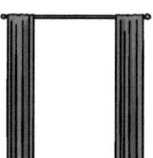

窗帘

der Vorhang

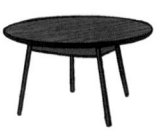

餐桌

der Tisch

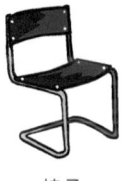

椅子

der Stuhl

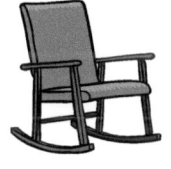

摇椅

der Schaukelstuhl

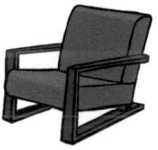

扶手椅

der Sessel

书
das Buch

毯子
die Decke

装饰品
die Dekoration

木柴
das Feuerholz

电影
der Film

高保真音响
die Stereoanlage

钥匙
der Schlüssel

报纸
die Zeitung

油画
das Gemälde

海报
das Poster

收音机
das Radio

笔记本
der Notizblock

吸尘器
der Staubsauger

仙人掌
der Kaktus

蜡烛
die Kerze

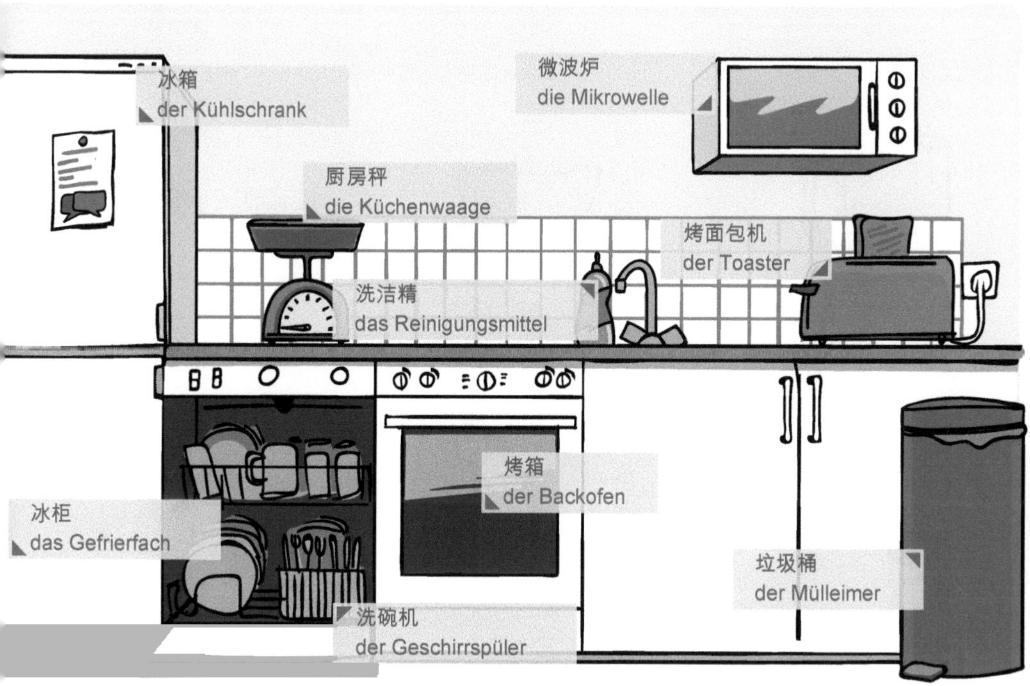

冰箱
der Kühlschrank

微波炉
die Mikrowelle

厨房秤
die Küchenwaage

洗洁精
das Reinigungsmittel

烤面包机
der Toaster

冰柜
das Gefrierfach

烤箱
der Backofen

垃圾桶
der Mülleimer

洗碗机
der Geschirrspüler

炊具 der Herd	锅 der Topf	铸铁锅 der Eisentopf
炒锅 der Wok / Kadai	平底锅 die Pfanne	水壶 der Wasserkocher

蒸锅

der Dampfgarer

烤盘

das Backblech

陶瓷锅

das Geschirr

马克杯

der Becher

碗

die Schale

筷子

die Essstäbchen

长柄勺

die Suppenkelle

铲子

der Pfannenwender

搅拌器

der Schneebesen

滤网

das Kochsieb

筛子

das Sieb

磨碎机

die Reibe

研钵

der Mörser

烧烤

der Grill

明火

die Feuerstelle

菜板

das Schneidebrett

擀面杖

das Nudelholz

开瓶器

der Korkenzieher

罐子

die Dose

开罐器

der Dosenöffner

隔热手套

der Topflappen

水槽

das Waschbecken

刷子

die Bürste

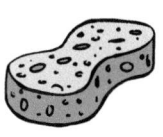

海绵

der Schwamm

搅拌机

der Mixer

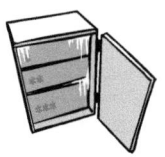

冷藏箱

die Gefriertruhe

奶瓶

die Babyflasche

水龙头

der Wasserhahn

浴室

das Badezimmer

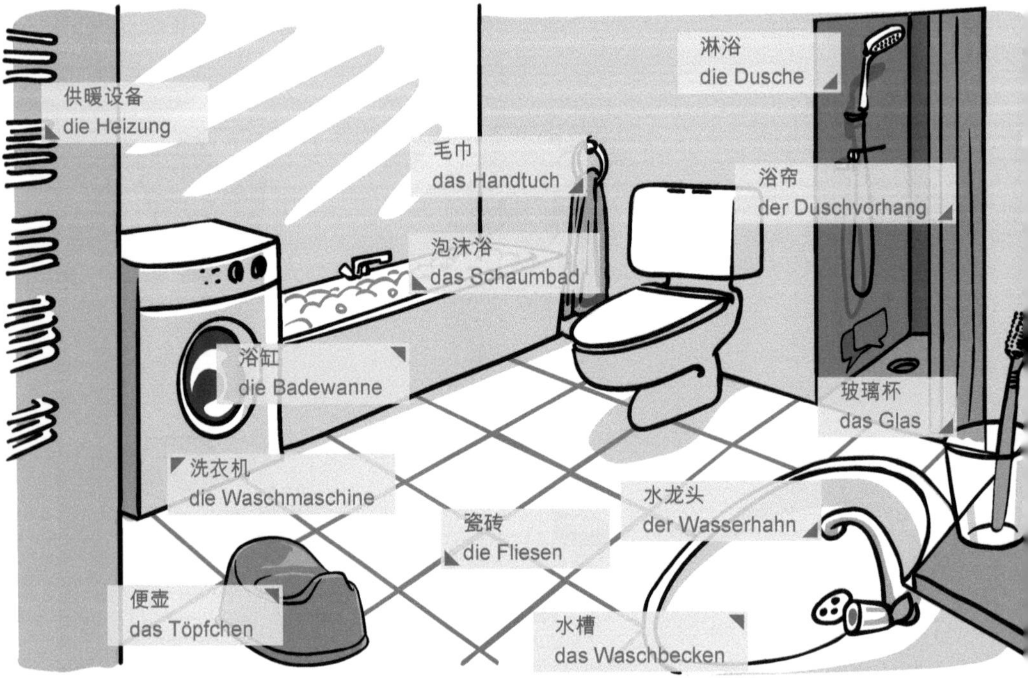
淋浴
die Dusche
供暖设备
die Heizung
毛巾
das Handtuch
浴帘
der Duschvorhang
泡沫浴
das Schaumbad
浴缸
die Badewanne
玻璃杯
das Glas
洗衣机
die Waschmaschine
水龙头
der Wasserhahn
瓷砖
die Fliesen
便壶
das Töpfchen
水槽
das Waschbecken

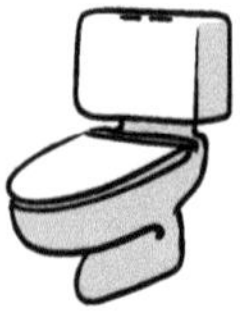

厕所
die Toilette

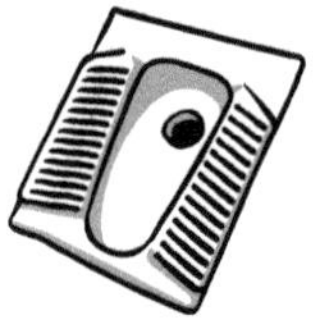

蹲便器
die Hocktoilette

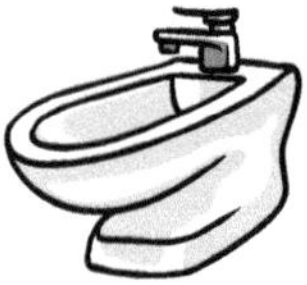

坐浴器
das Bidet

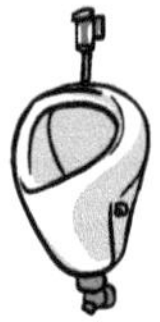

小便池
das Pissoir

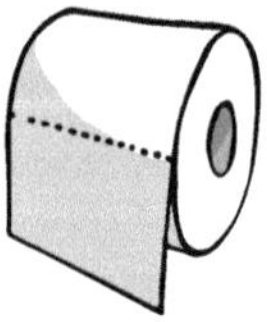

厕纸
das Toilettenpapier

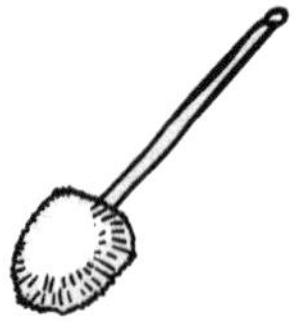

马桶刷
die Toilettenbürste

牙刷

die Zahnbürste

牙膏

die Zahnpasta

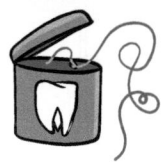

牙线

die Zahnseide

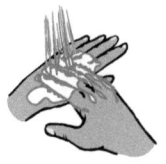

洗

waschen

手持式喷淋头

die Handbrause

冲洗器

die Intimdusche

洗脸盆

die Waschschüssel

擦背刷

die Rückenbürste

肥皂

die Seife

沐浴露

das Duschgel

洗发水

das Shampoo

法兰绒

der Waschlappen

排水

der Abfluss

乳霜

die Creme

除臭剂

das Deodorant

浴室 - das Badezimmer

镜子

der Spiegel

手镜

der Kosmetikspiegel

剃须刀

der Rasierer

剃须泡沫

der Rasierschaum

须后水

das Rasierwasser

梳子

der Kamm

刷子

die Bürste

吹风机

der Föhn

喷发定型剂

das Haarspray

化妆品

das Makeup

唇膏

der Lippenstift

指甲油

der Nagellack

化妆棉

die Watte

指甲剪

die Nagelschere

香水

das Parfum

洗漱包

der Kulturbeutel

凳子

der Hocker

计重秤

die Waage

浴袍

der Bademantel

橡胶手套

die Gummihandschuhe

卫生棉条

das Tampon

卫生巾

die Damenbinde

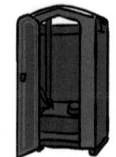

化学厕所

die Chemietoilette

儿童房
das Kinderzimmer

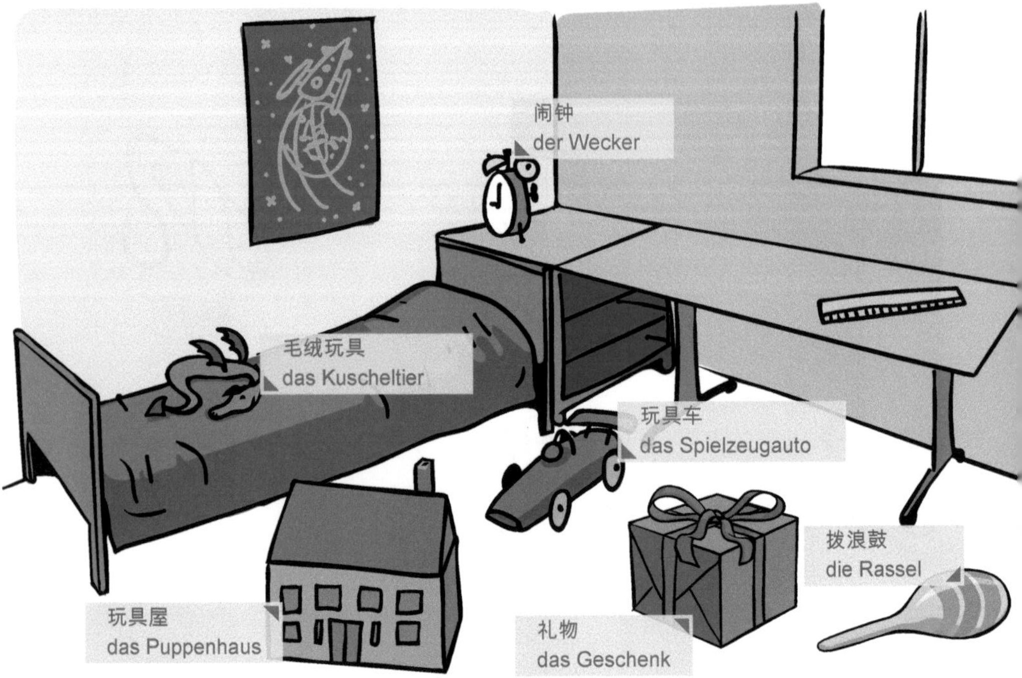

闹钟
der Wecker

毛绒玩具
das Kuscheltier

玩具车
das Spielzeugauto

拨浪鼓
die Rassel

玩具屋
das Puppenhaus

礼物
das Geschenk

气球
der Ballon

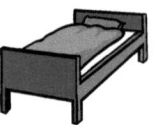

床
das Bett

（洋娃娃用）婴儿车
der Kinderwagen

扑克牌
das Kartenspiel

拼图
das Puzzle

漫画
der Comic

乐高积木

die Legosteine

积木玩具

die Bausteine

玩具人

die Action Figur

婴儿服

der Strampelanzug

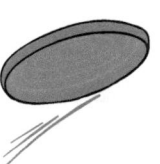

飞盘

das Frisbee

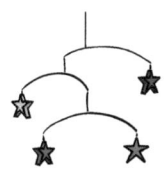

床铃玩具

das Mobile

棋盘游戏

das Brettspiel

骰子

der Würfel

火车模型

die Modelleisenbahn

安抚奶嘴

der Schnuller

聚会

die Party

绘本

das Bilderbuch

球

der Ball

洋娃娃

die Puppe

玩

spielen

儿童房 - das Kinderzimmer

沙坑

der Sandkasten

秋千

die Schaukel

玩具

das Spielzeug

游戏机

die Spielkonsole

三轮车

das Dreirad

泰迪熊

der Teddy

衣柜

der Kleiderschrank

衣服
die Kleidung

袜子

die Socken

长袜

die Strümpfe

紧身裤

die Strumpfhose

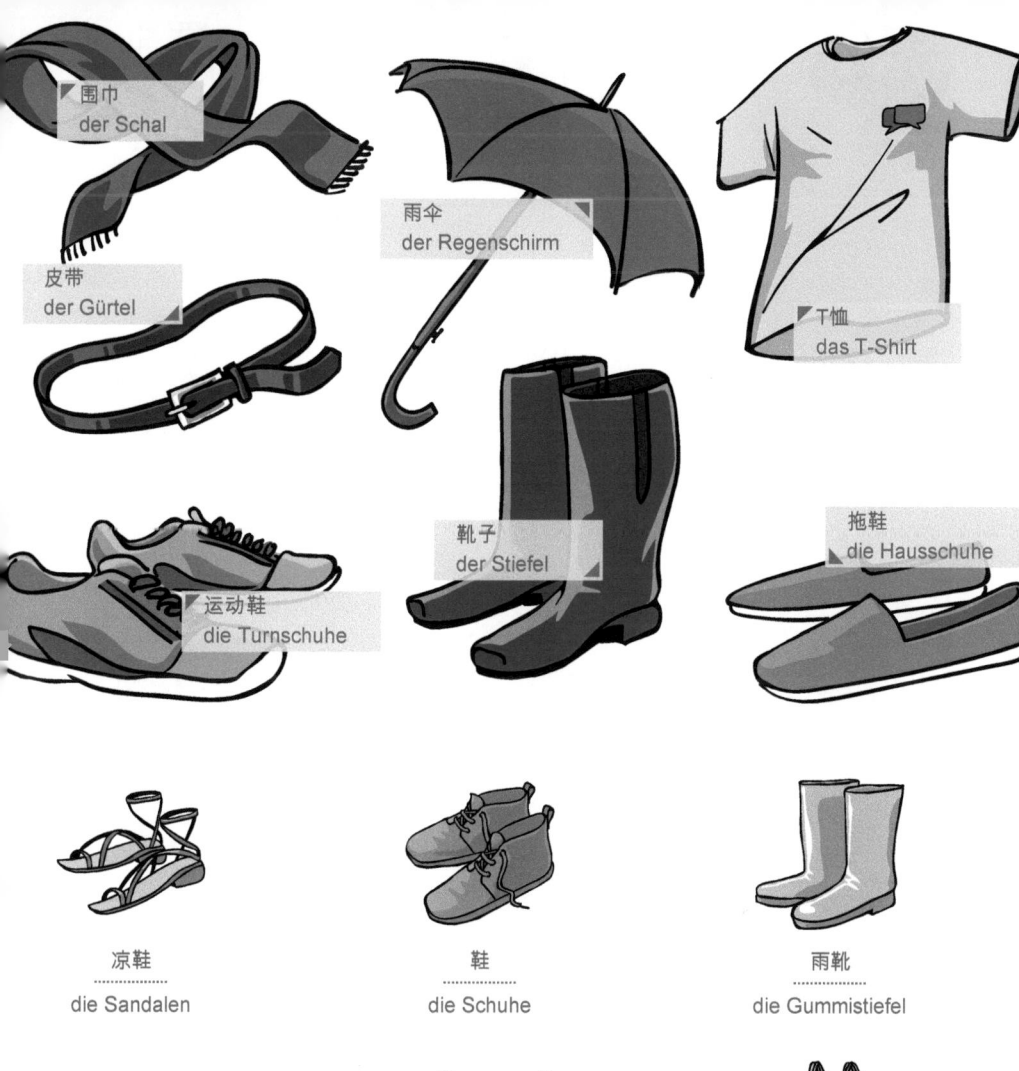

围巾
der Schal

雨伞
der Regenschirm

皮带
der Gürtel

T恤
das T-Shirt

运动鞋
die Turnschuhe

靴子
der Stiefel

拖鞋
die Hausschuhe

凉鞋
die Sandalen

鞋
die Schuhe

雨靴
die Gummistiefel

内裤
die Unterhose

胸罩
der Büstenhalter

背心
das Unterhemd

衣服 - die Kleidung

身体
der Body

裤子
die Hose

牛仔裤
die Jeans

短裙
der Rock

女式衬衫
die Bluse

衬衫
das Hemd

套头衫
der Pullover

卫衣
der Kapuzenpullover

西装夹克
der Blazer

夹克
die Jacke

外套
der Mantel

雨衣
der Regenmantel

套装
das Kostüm

连衣裙
das Kleid

婚纱
das Hochzeitskleid

西装

der Anzug

睡袍

das Nachthemd

睡衣

der Schlafanzug

莎丽

der Sari

头巾

das Kopftuch

包头巾

der Turban

波卡

die Burka

卡夫坦

der Kaftan

(阿拉伯式)长袍

die Abaya

泳衣

der Badeanzug

男式泳裤

die Badehose

短裤

die kurze Hose

运动服

der Trainingsanzug

围裙

die Schürze

手套

die Handschuhe

衣服 - die Kleidung

纽扣

der Knopf

眼镜

die Brille

手链

das Armband

项链

die Halskette

戒指

der Ring

耳环

der Ohrring

便帽

die Mütze

衣架

der Kleiderbügel

帽子

der Hut

领带

die Krawatte

拉链

der Reißverschluss

头盔

der Helm

背带

der Hosenträger

校服

die Schuluniform

制服

die Uniform

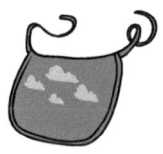

围兜
das Lätzchen

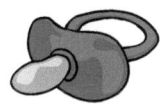

安抚奶嘴
der Schnuller

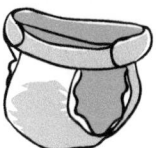

尿不湿
die Windel

办公室
das Büro

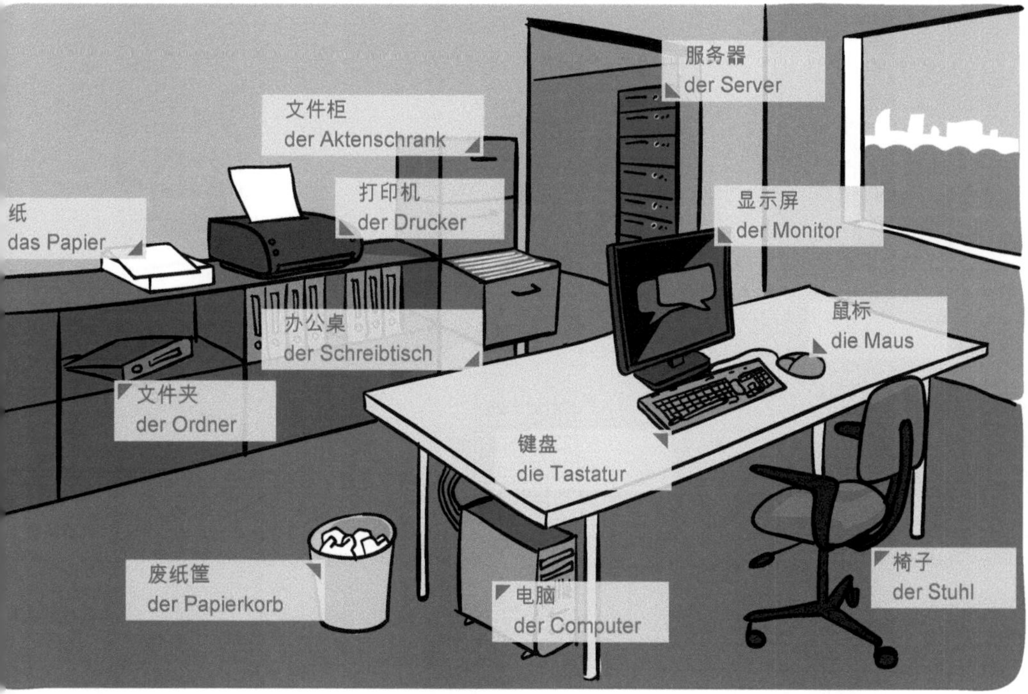
服务器
der Server
文件柜
der Aktenschrank
纸
das Papier
打印机
der Drucker
显示屏
der Monitor
鼠标
die Maus
办公桌
der Schreibtisch
文件夹
der Ordner
键盘
die Tastatur
废纸篓
der Papierkorb
电脑
der Computer
椅子
der Stuhl

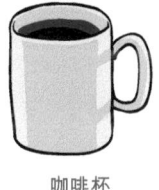

咖啡杯
der Kaffeebecher

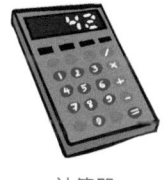

计算器
der Taschenrechner

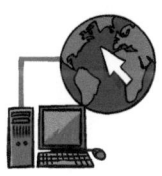

因特网
das Internet

笔记本电脑
der Laptop

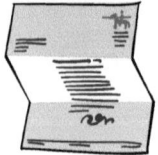

信件
der Brief

消息
die Nachricht

手机
das Handy

网络
das Netzwerk

复印机
der Kopierer

软件
die Software

电话
das Telefon

插座
die Steckdose

传真机
das Fax

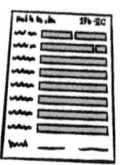

表格
das Formular

文件
das Dokument

买
....
kaufen

付钱
....
bezahlen

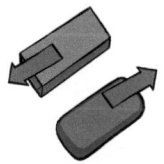

交易
....
handeln

现金
....
das Geld

美元
....
der Dollar

欧元
....
der Euro

日元
....
der Yen

卢布
....
der Rubel

瑞士法郎
....
der Franken

人民币
....
der Renminbi Yuan

卢比
....
die Rupie

提款处
....
der Geldautomat

外币兑换处

die Wechselstube

金

das Gold

银

das Silber

石油

das Öl

能源

die Energie

价格

der Preis

合同

der Vertrag

税金

die Steuer

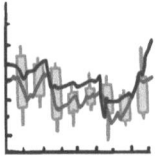

股票

die Aktie

工作

arbeiten

职员

der Angestellte

老板

der Arbeitgeber

工厂

die Fabrik

商店

das Geschäft

职业

die Berufe

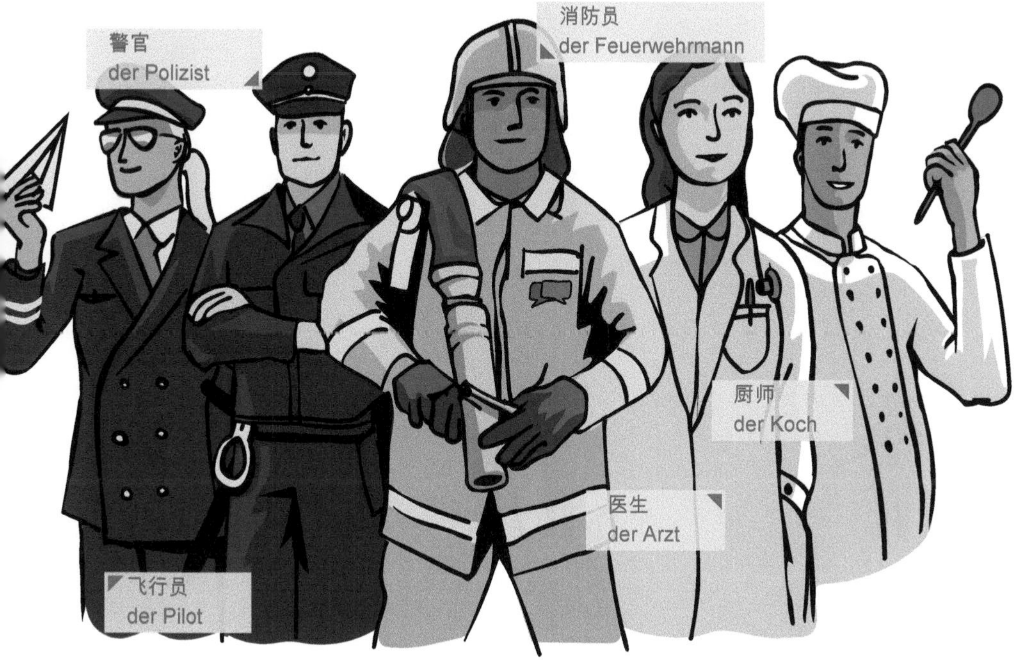

警官
der Polizist
消防员
der Feuerwehrmann
厨师
der Koch
医生
der Arzt
飞行员
der Pilot

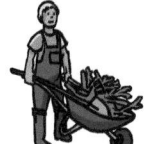

园丁

der Gärtner

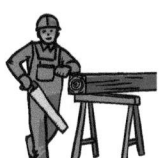

木匠

der Tischler

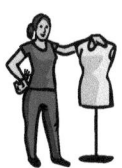

裁缝

die Näherin

法官

der Richter

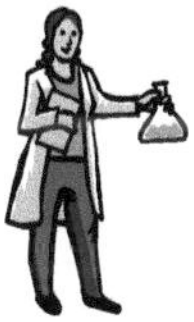

化学家

der Chemiker

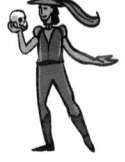

演员

der Schauspieler

公交车司机

der Busfahrer

出租车司机

der Taxifahrer

渔夫

der Fischer

清洁女工

die Putzfrau

屋顶工

der Dachdecker

服务员

der Kellner

猎人

der Jäger

画家

der Maler

面包师

der Bäcker

电工

der Elektriker

建筑工人

der Bauarbeiter

工程师

der Ingenieur

屠夫

der Schlachter

水管工

der Klempner

邮递员

der Postbote

士兵

der Soldat

建筑师

der Architekt

收银员

der Kassierer

花农

der Florist

理发师

der Friseur

售票员

der Schaffner

机械师

der Mechaniker

船长

der Kapitän

牙医

der Zahnarzt

科学家

der Wissenschaftler

拉比

der Rabbi

伊玛目

der Imam

和尚

der Mönch

牧师

der Geistliche

工具
die Werkzeuge

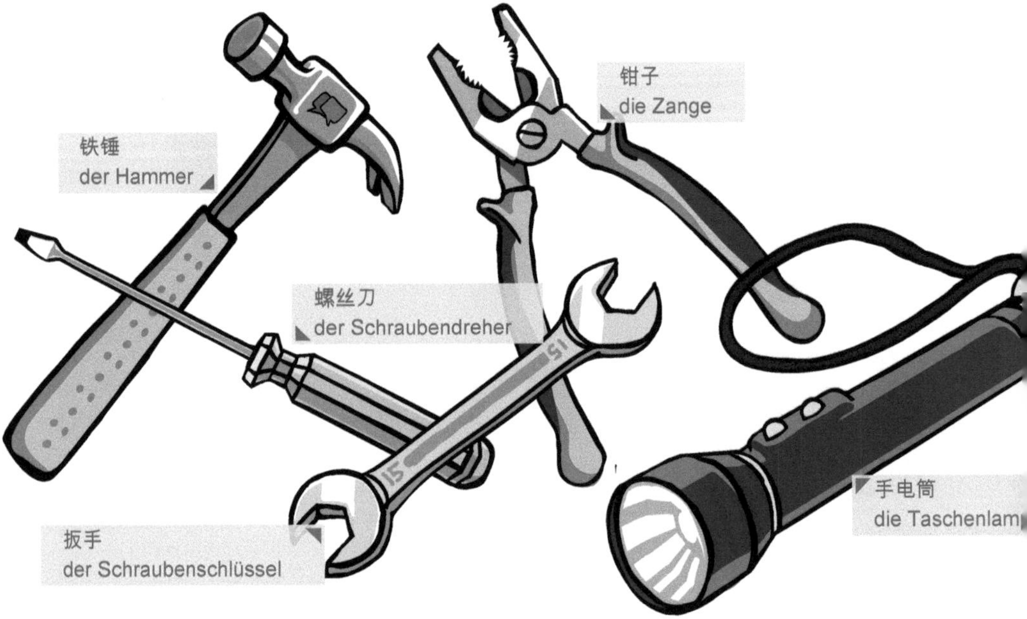

钳子
die Zange
铁锤
der Hammer
螺丝刀
der Schraubendreher
手电筒
die Taschenlam
扳手
der Schraubenschlüssel

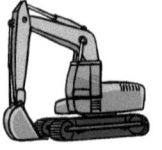

挖掘机

der Bagger

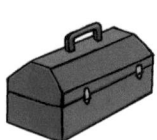

工具箱

der Werkzeugkasten

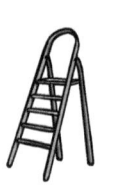

梯子

die Leiter

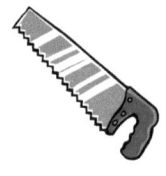

锯子

die Säge

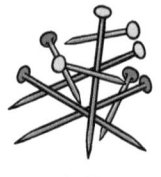

钉子

die Nägel

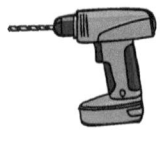

钻机

der Bohrer

修
reparieren

铲子
die Schaufel

靠！
Mist!

簸箕
das Kehrblech

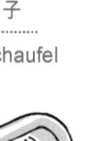

油漆桶
der Farbtopf

螺丝
die Schrauben

乐器
die Musikinstrumente

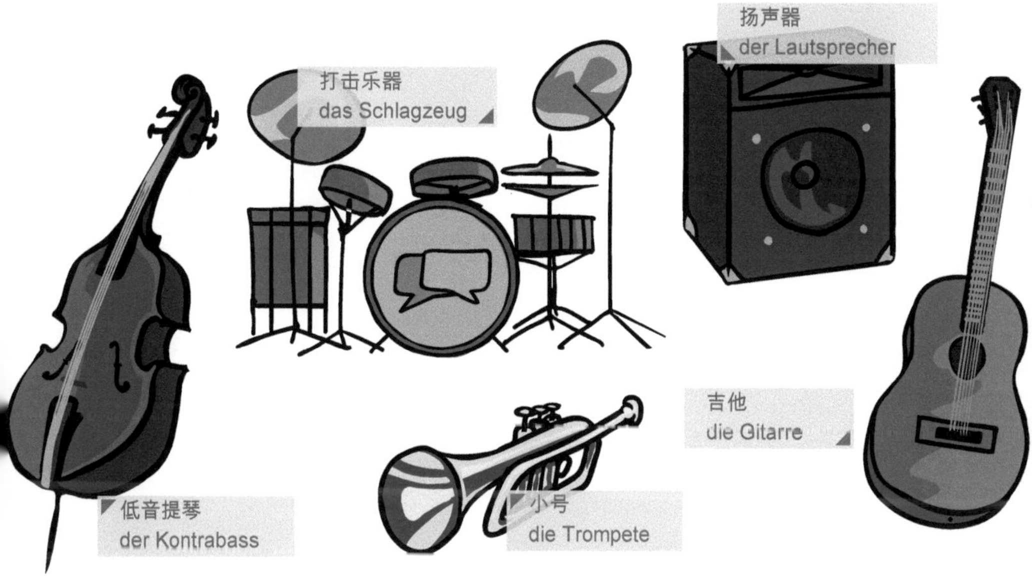

打击乐器
das Schlagzeug

扬声器
der Lautsprecher

吉他
die Gitarre

低音提琴
der Kontrabass

小号
die Trompete

钢琴

das Klavier

小提琴

die Violine

贝斯

der Bass

定音鼓

die Pauke

鼓

die Trommeln

电子琴

das Keyboard

萨克斯管

das Saxophon

长笛

die Flöte

麦克风

das Mikrofon

动物园

der Zoo

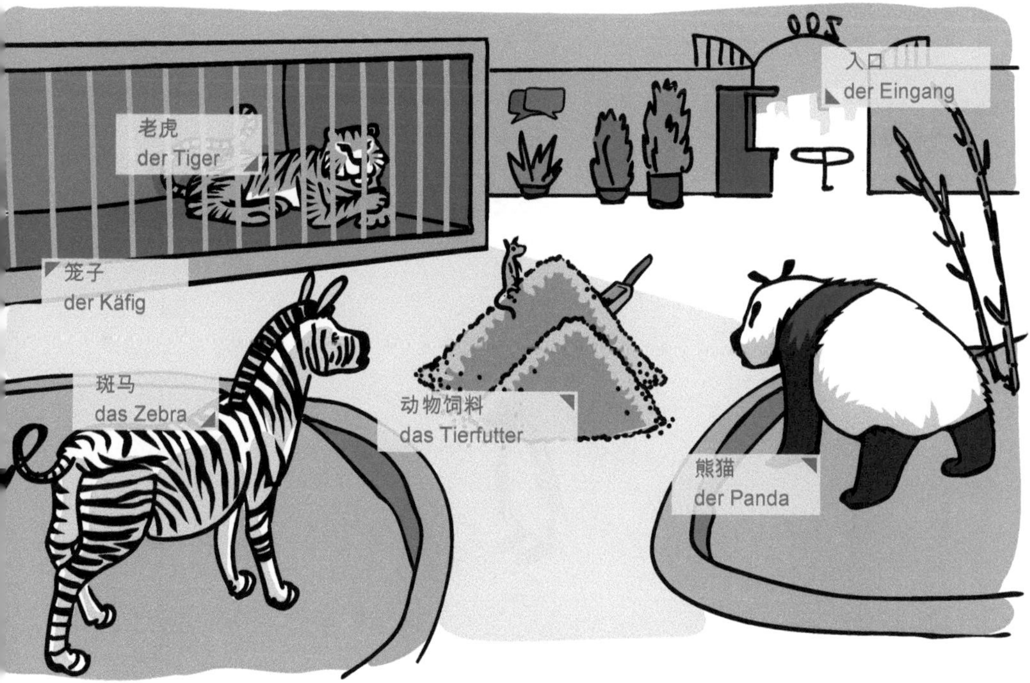
ZOO
入口
der Eingang
老虎
der Tiger
笼子
der Käfig
斑马
das Zebra
动物饲料
das Tierfutter
熊猫
der Panda

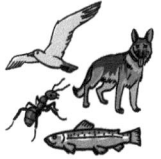

动物

die Tiere

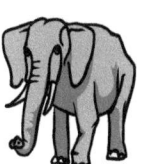

大象

der Elefant

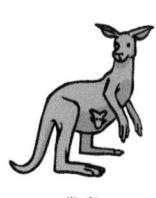

袋鼠

das Känguruh

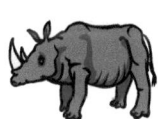

犀牛

das Nashorn

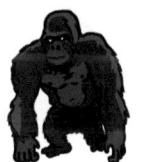

大猩猩

der Gorilla

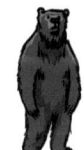

熊

der Bär

骆驼

das Kamel

鸵鸟

der Strauß

狮子

der Löwe

猴子

der Affe

火烈鸟

der Flamingo

鹦鹉

der Papagei

北极熊

der Eisbär

企鹅

der Pinguin

鲨鱼

der Hai

孔雀

der Pfau

蛇

die Schlange

鳄鱼

das Krokodil

动物园管理员

der Zoowärter

海豹

die Robbe

美洲豹

der Jaguar

矮种马

das Pony

豹

der Leopard

河马

das Nilpferd

长颈鹿

die Giraffe

老鹰

der Adler

野猪

das Wildschwein

鱼

der Fisch

龟

die Schildkröte

海象

das Walross

狐狸

der Fuchs

羚羊

die Gazelle

动物园 - der Zoo

橄榄球
das American Football

骑自行车
das Radfahren

网球
das Tennis

篮球
der Basketball

游泳
das Schwimmen

拳击
das Boxen

冰球
das Eishockey

英式足球
der Fußball

羽毛球
das Badminton

田径
die Leichtathletik

手球
der Handball

滑雪
das Skilaufen

马球
das Polo

跳
springen

笑
lachen

拥抱
umarmen

走路
gehen

唱
singen

做梦
träumen

祈祷
beten

亲吻
küssen

书写
schreiben

画
zeichnen

展示
zeigen

推
drücken

给
geben

拿
nehmen

有
haben

做
tun

当
sein

站
stehen

跑
laufen

拉
ziehen

扔
werfen

摔倒
fallen

躺
liegen

等待
warten

携带
tragen

坐
sitzen

穿衣
anziehen

睡觉
schlafen

醒来
aufwachen

看
ansehen

哭
weinen

抚摸
streicheln

梳头
kämmen

交谈
reden

明白
verstehen

问
fragen

听
hören

喝
trinken

吃
essen

清理
aufräumen

爱
lieben

做饭
kochen

开车
fahren

飞
fliegen

航行

segeln

计算

rechnen

读

lesen

学习

lernen

工作

arbeiten

结婚

heiraten

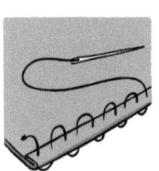

缝

nähen

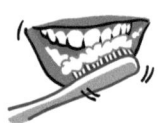

刷牙

Zähne putzen

杀

töten

抽烟

rauchen

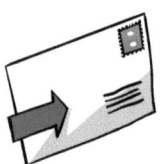

寄

senden

die Familie

祖母
die Großmutter

祖父
der Großvater

父亲
der Vater

母亲
die Mutter

婴童
das Baby

女儿
die Tochter

儿子
der Sohn

客人
der Gast

阿姨
die Tante

叔叔
der Onkel

兄弟
der Bruder

姐妹
die Schwester

身体

der Körper

前额
die Stirn
眼睛
das Auge
肩膀
die Schulter
手指
der Finger
脸
das Gesicht
下巴
das Kinn
手
die Hand
腿
das Bein
乳房
die Brust
手臂
der Arm

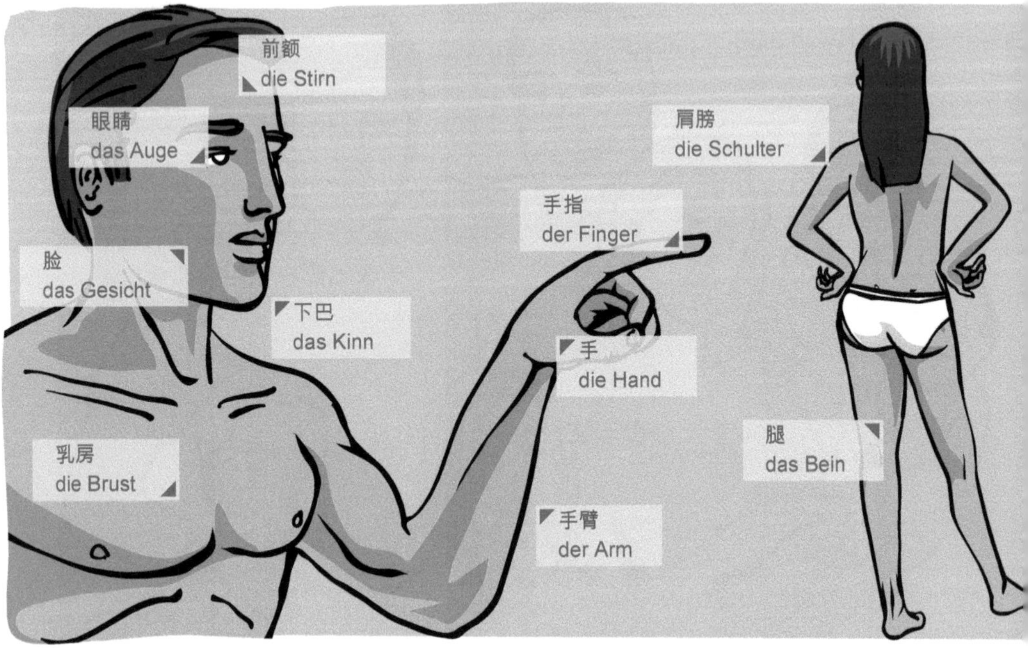

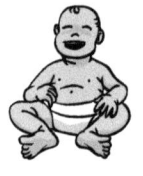

婴童

das Baby

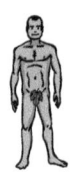

男人

der Mann

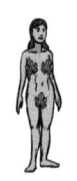

女人

die Frau

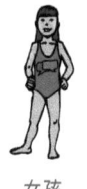

女孩

das Mädchen

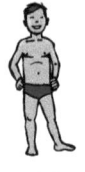

男孩

der Junge

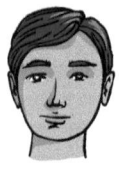

头

der Kopf

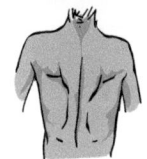

背部

der Rücken

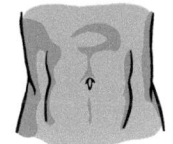

肚子

der Bauch

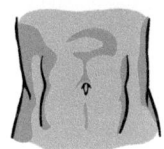

肚脐

der Nabel

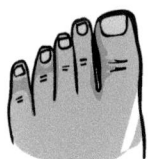

脚趾

der Zeh

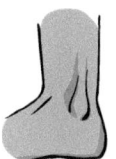

脚后跟

die Ferse

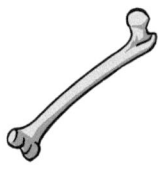

骨头

der Knochen

臀部

die Hüfte

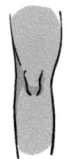

膝盖

das Knie

手肘

der Ellenbogen

鼻子

die Nase

屁股

das Gesäß

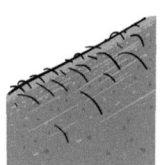

皮肤

die Haut

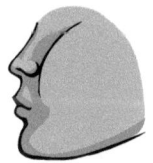

脸颊

die Wange

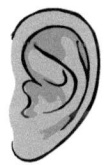

耳朵

das Ohr

嘴唇

die Lippe

身体 - der Körper

嘴
der Mund

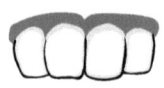

牙齿
der Zahn

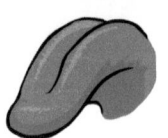

舌头
die Zunge

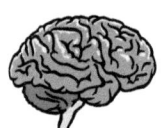

脑
das Gehirn

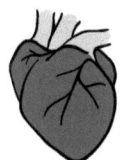

心脏
das Herz

肌肉
der Muskel

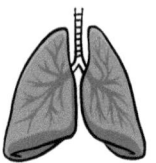

肺
die Lunge

肝脏
die Leber

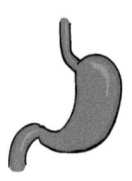

胃
der Magen

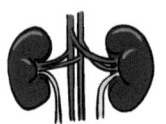

肾脏
die Nieren

性交
der Geschlechtsverkehr

避孕套
das Kondom

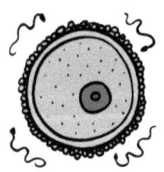

卵子
die Eizelle

精子
das Sperma

怀孕
die Schwangerschaft

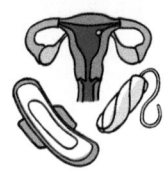

月经

die Menstruation

阴道

die Vagina

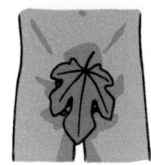

阴茎

der Penis

眉毛

die Augenbraue

头发

das Haar

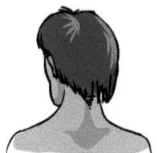

脖子

der Hals

医院
das Krankenhaus

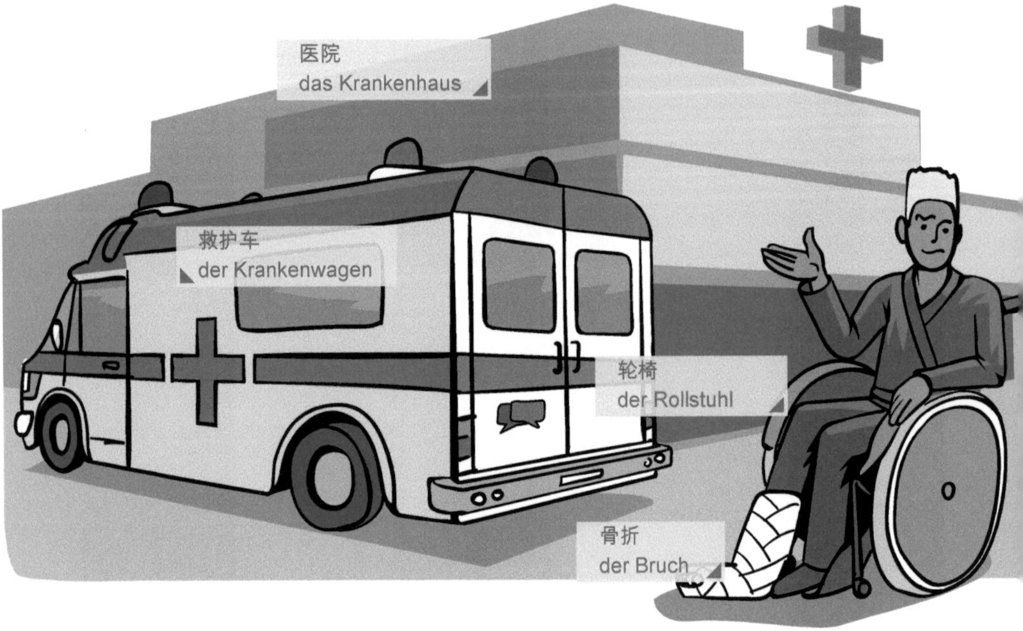
医院
das Krankenhaus
救护车
der Krankenwagen
轮椅
der Rollstuhl
骨折
der Bruch

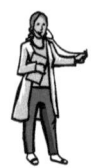

医生

der Arzt

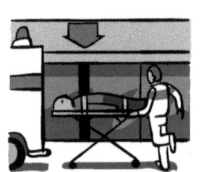

急诊室

die Notaufnahme

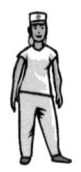

护士

die Krankenschwester

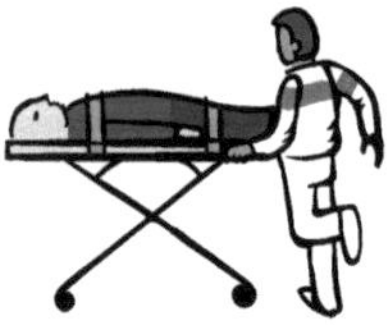

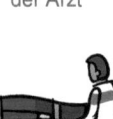

紧急情况

der Notfall

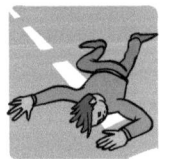

昏迷

ohnmächtig

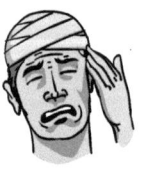

痛

der Schmerz

受伤

die Verletzung

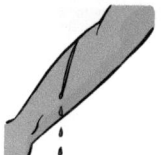

出血

die Blutung

心脏病发作

der Herzinfarkt

中风

der Schlaganfall

过敏

die Allergie

咳嗽

der Husten

发烧

das Fieber

流感

die Grippe

腹泻

der Durchfall

头痛

die Kopfschmerzen

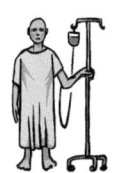

癌症

der Krebs

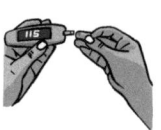

糖尿病

die Diabetis

外科医生

der Chirurg

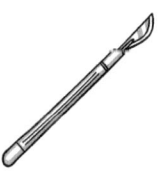

手术刀

das Skalpell

手术

die Operation

医院 - das Krankenhaus

CT

das CT

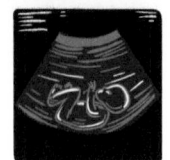

X光

das Röntgen

超声波

das Ultraschall

口罩

die Maske

疾病

die Krankheit

候诊室

das Wartezimmer

拐杖

die Krücke

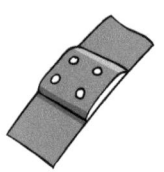

石膏

das Pflaster

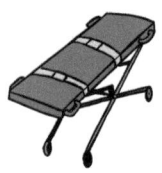

绷带

der Verband

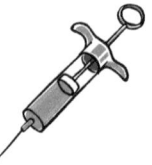

注射

die Injektion

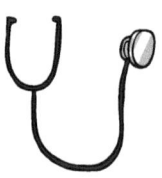

听诊器

das Stethoskop

担架

die Trage

体温计

das Thermometer

出生

die Geburt

超重

das Übergewicht

助听器

das Hörgerät

消毒液

das Desinfektionsmittel

感染

die Infektion

病毒

das Virus

艾滋病

das HIV / AIDS

药物

die Medizin

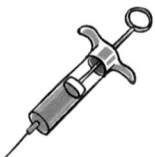

接种疫苗

die Impfung

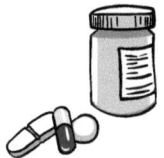

药片

die Tabletten

药丸

die Pille

急救电话

der Notruf

血压计

das Blutdruck-Messgerät

生病/健康

krank / gesund

救命！

Hilfe!

警报

der Alarm

突击

der Überfall

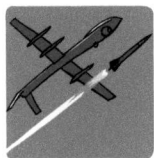

攻击

der Angriff

危险

die Gefahr

紧急出口

der Notausgang

着火啦！

Feuer!

灭火器

der Feuerlöscher

意外

der Unfall

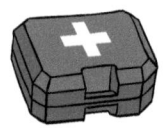

急救箱

der Erste-Hilfe-Koffer

呼救信号

SOS

警察

die Polizei

欧洲

das Europa

北美洲

das Nordamerika

南美洲

das Südamerika

非洲

das Afrika

亚洲

das Asien

澳洲

das Australien

大西洋

der Atlantik

太平洋

der Pazifik

印度洋

der Indische Ozean

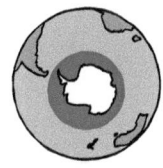

南冰洋

der Antarktische Ozean

北冰洋

der Arktische Ozean

北极

der Nordpol

南极

der Südpol

南极洲

die Antarktis

地球

die Erde

陆地

das Land

海

das Meer

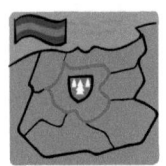

岛

die Insel

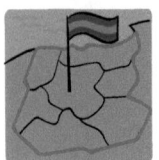

国家

die Nation

国家

der Staat

钟面

das Zifferblatt

时针

der Stundenzeiger

分针

der Minutenzeiger

秒针

der Sekundenzeiger

现在几点？

Wie spät ist es?

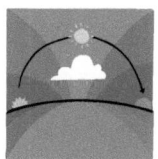

天

der Tag

时间

die Zeit

现在

jetzt

电子表

die Digitaluhr

分

die Minute

时

die Stunde

周
die Woche

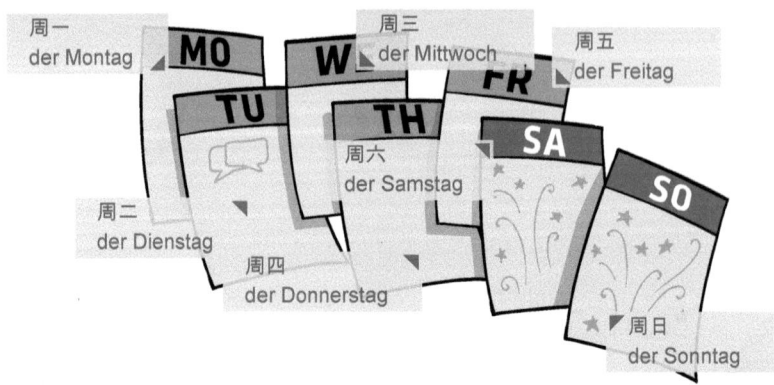

周一
der Montag

周三
der Mittwoch

周五
der Freitag

周二
der Dienstag

周六
der Samstag

周四
der Donnerstag

周日
der Sonntag

昨天

gestern

今天

heute

明天

morgen

早晨

der Morgen

中午

der Mittag

晚上

der Abend

MO	TU	WE	TH	FR	SA	SU
1	2	3	4	5	6	7
8	9	10	11	12	13	14
15	16	17	18	19	20	21
22	23	24	25	26	27	28
29	30	1	2	3	4

工作日

die Arbeitstage

MO	TU	WE	TH	FR	SA	SU
1	2	3	4	5	6	7
8	9	10	11	12	13	14
15	16	17	18	19	20	21
22	23	24	25	26	27	28
29	30	31	1	2	3	4

周末

das Wochenende

雨
der Regen

彩虹
der Regenbogen

雪
der Schnee

风
der Wind

春
der Frühling

秋
der Herbst

夏
der Sommer

冬
der Winter

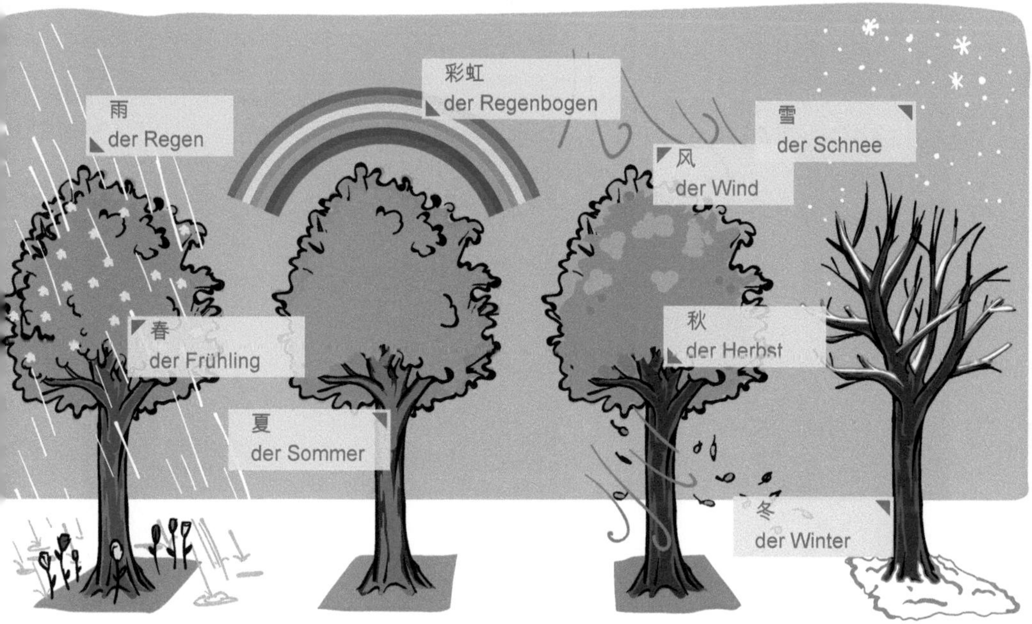

天气预报

die Wettervorhersage

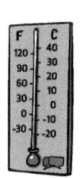

温度计

das Thermometer

阳光

der Sonnenschein

云

die Wolke

雾

der Nebel

潮湿

die Luftfeuchtigkeit

闪电

der Blitz

打雷

der Donner

风暴

der Sturm

冰雹

der Hagel

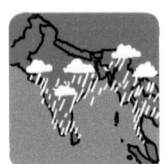

季风

der Monsun

洪水

die Flut

冰

das Eis

一月

der Januar

二月

der Februar

三月

der März

四月

der April

五月

der Mai

六月

der Juni

七月

der Juli

八月

der August

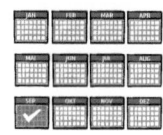

九月

der September

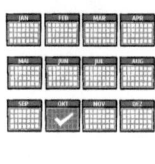

十月

der Oktober

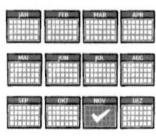

十一月

der November

十二月

der Dezember

形状
die Formen

圆形

der Kreis

正方形

das Quadrat

长方形

das Rechteck

三角形

das Dreieck

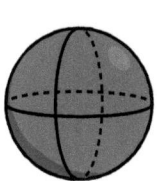

球体

die Kugel

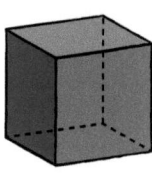

立方体

der Würfel

形状 - die Formen

白
....
weiß

黄
....
gelb

橙
....
orange

粉
....
pink

红
....
rot

紫
....
lila

蓝
....
blau

绿
....
grün

棕
....
braun

灰
....
grau

黑
....
schwarz

很多/少许

viel / wenig

生气/平静

wütend / friedlich

美/丑

hübsch / hässlich

首/尾

der Anfang / das Ende

大/小

groß / klein

明/暗

hell / dunkel

兄弟/姐妹

der Bruder / die Schwester

干净/肮脏

sauber / schmutzig

完整/缺失

vollständig / unvollständig

白天/晚上

der Tag / die Nacht

死/生

tot / lebendig

宽/窄

breit / schmal

可食用/非食用

genießbar / ungenießbar

邪恶/善良

böse / freundlich

兴奋/无聊

aufgeregt / gelangweilt

胖/瘦

dick / dünn

第一/最后

zuerst / zuletzt

朋友/敌人

der Freund / der Feind

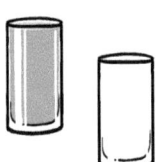

满/空

voll / leer

硬/软

hart / weich

重/轻

schwer / leicht

饿/渴

der Hunger / der Durst

生病/健康

krank / gesund

非法/合法

illegal / legal

聪明/愚笨

intelligent / dumm

左/右

links / rechts

近/远

nah / fern

新/旧

neu / gebraucht

没有/有些

nichts / etwas

老/幼

alt / jung

开/关

an / aus

打开/合上

offen / geschlossen

安静/吵闹

leise / laut

富/穷

reich / arm

对/错

richtig / falsch

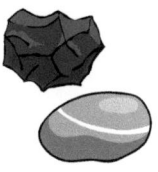

粗糙/光滑

rau / glatt

伤心/高兴

traurig / glücklich

短/长

kurz / lang

慢/快

langsam / schnell

湿/干

nass / trocken

温暖/凉爽

warm / kühl

战争/和平

der Krieg / der Frieden

0

零
....
null

1

一
....
eins

2

二
....
zwei

3

三
....
drei

4

四
....
vier

5

五
....
fünf

6

六
....
sechs

7

七
....
sieben

8

八
....
acht

9

九
....
neun

10

十
....
zehn

11

十一
....
elf

12

十二

zwölf

13

十三

dreizehn

14

十四

vierzehn

15

十五

fünfzehn

16

十六

sechzehn

17

十七

siebzehn

18

十八

achtzehn

19

十九

neunzehn

20

二十

zwanzig

100

百

hundert

1.000

千

tausend

1.000.000

百万

million

英语

Englisch

美式英语

Amerikanisches Englisch

普通话

Chinesisch Mandarin

印地语

Hindi

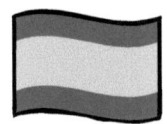

西班牙语

Spanisch

法语

Französisch

阿拉伯语

Arabisch

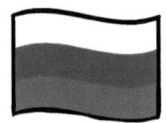

俄语

Russisch

葡萄牙语

Portugiesisch

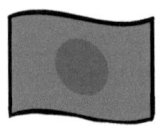

孟加拉语

Bengalisch

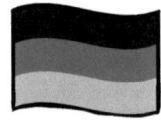

德语

Deutsch

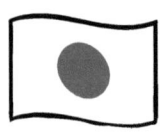

日语

Japanisch

我
ich

你
du

他/她/它
er / sie / es

我们
wir

你们
ihr

他们
sie

谁？
wer?

什么？
was?

怎样？
wie?

哪里？
wo?

什么时候？
wann?

名字
Name

后面

hinter

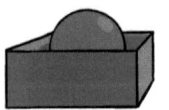

里面

in

前面

vor

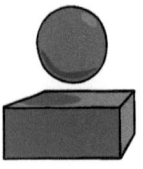

上方

über

上面

auf

下面

unter

旁边

neben

中间

zwischen

地点

der Ort